ERREUR COMMISE

Au préjudice du Trésor français

PAR LA

COMMISSION DU BUDGET DE 1869

PRÉAMBULE

Des charges nouvelles, impérieusement réclamées par la nécessité d'équilibrer les budgets, vont peser sur les contribuables, sous forme d'impôt ou sous forme d'emprunt, ce qui, au fond, est absolument la même chose.

La conséquence très-simple de cette situation, est, pour les contribuables, l'opportunité d'exercer leur droit indéniable de présenter, dans leurs intérêts et par l'organe de leurs représentants, telles observations qu'ils croient justes et fondées.

C'est à ce titre que se présente la réclamation suivante, dont nul ne peut se dissimuler et l'importance et l'équité.

Depuis cinquante-sept ans, le service de la dette publique prélève. semestriellement, sur les sommes versées par les contribuables français, à titre d'impôt, une somme de plusieurs millions de francs, à l'effet de payer les arrérages d'inscriptions de rentes qui sont indûment possédées par une puissance étrangère.

Cette situation anormale menace de s'éterniser.

En effet, le régime précédent, sous lequel, en 1861, s'est ouvert le droit de réclamer la rectification de cette erreur budgétaire, n'a pas cru devoir prendre en considération des amendements annuels présentés jusqu'en 1868, soutenus par M. Martel et M. Belmontet, appuyés par M. Thiers et

M. Berryer ,ainsi qu'il résulte de discussions publiques ,
mais combattus par M. Rouher.

Sans rechercher d'autres motifs que ceux (évidemment les
seuls considérés comme sérieux) allégués dans le rapport
de la commission du budget de 1869, nous avons le devoir
strict de révéler à notre Assemblée souveraine les erreurs
inconcevables qui, après avoir entouré l'examen des amendements et concouru à la rédaction du rapport qui les com-
battait, ont finalement rejeté dans l'obscurité et dans l'oubli
l'exercice d'un droit toujours incontestable, mais actuellement devenu vital pour notre pays si cruellement éprouvé.

Ces erreurs absolument matérielles sont de deux sortes :

Erreur sur le chiffre énoncé dans les amendements.

Erreur identique dans le rapport budgétaire, mais aggra-
vée d'une confusion de dates et de faits historiques.

Dans le but de redresser ces erreurs, reprenant comme
contribuable et dans un intérêt général l'exercice d'un droit
national étrangement méconnu, le signataire de cet exposé
s'est entouré d'un comité d'initiative dont il est le directeur,
et a fondé un syndicat de banquiers dont il est le mandataire,
pour éclairer, par la discussion, et applanir, par un concours
effectif, toutes les difficultés pouvant retarder la rectification
immédiate et pratique de l'erreur signalée et qui consiste à
forcer les contribuables à payer comme débiteurs des sommes
dont ils sont les créanciers.

En conséquence la proposition suivante a été faite à qui
de droit :

« Si, après délibération légale, un syndicat de banquiers
« devenait délégataire de la créance à recouvrer, celui-ci
« serait prêt à verser au Trésor public, en à-compte, en pro-
« vision, ou sous telle forme qui serait adoptée, une somme
« équivalente à la plus forte partie du capital à réclamer.

« Après quoi, agissant avec son comité, à l'aide des docu
« ments authentiques dont il s'est assuré la possession

« exclusive (1), il liquiderait les comptes et opérerait les
« rentrées, en requérant s'il en était besoin, l'intervention
« du gouvernement français.

« Ainsi seraient équilibrés les budgets. »

Dès les premières ouvertures qui furent faites à l'administration compétente, celle-ci exhuma les arguments de la commission du budget de 1869, qui sont passés à l'état de tradition, ayant été couverts par un ordre du jour (2).

Mais cet ordre du jour ne constitue pas une décision prise.

Si oui ? elle est basée sur des *erreurs matérielles*.

Or les principes les plus élémentaires du droit nous apprennent que l'*erreur* basant une *décision* entraîne la *nullité* de cette *décision*.

Il y a donc lieu de revenir sur la décision surprise à l'Assemblée de 1868, comme étant entachée d'erreur, et nulle radicalement.

Causes de la Créance.

Par les traités de 1815 et de 1818, le gouvernement français confia au gouvernement anglais 6 millions 1/2 de rentes 5 % pour indemniser les sujets anglais spoliés par les lois révolutionnaires de 1792.

Par les mêmes traités, il fut convenu que ces inscriptions ne pouvaient être vendues, et que s'il existait un solde après l'extinction totale des indemnités, ce solde ferait retour à la France, avec les intérêts accumulés et composés à dater du dépôt.

Sur les 6 millions 1/2 versés, les comptes officiels anglais

(1) *Séance du corps législatif, 28 juin 1866.* — M. Rouher : Quant aux pièces de la liquidation qui sont établies par les commissaires arbitres et liquidateurs, pièces qui ont été semestriellement soumises à la Chambre des communes, à dater de 1816, nous ne les avons pas.

(2) *Voir* le Rapport du budget 1869, page 148, ou le *Moniteur* du 19 juin 1868, page 382, ou la brochure présente, pages 18 et suivantes.

accusent un surplus; ce surplus, qui n'a pas été discuté par la commission du budget, et dont, quel qu'il soit, ce n'est pas le moment d'établir le chiffre exact, appartient au Trésor français, avec les intérêts accumulés et composés.

Nous payons donc actuellement des rentes qui ne sont autres que celles composant le solde non employé, et, loin de voir cette situation se modifier, nous sommes menacés de verser une troisième fois, sous forme d'impôts, des sommes équivalentes nécessaires à combler les déficits de nos budgets.

COMPTE ANGLAIS

DU 26 JUILLET 1826; APPROUVÉ PAR LA CHAMBRE DES COMMUNES ET IMPRIMÉ PAR SON ORDRE EN 1831, DÉCLARANT CLOSE FINALEMENT LA LIQUIDATION DES AFFAIRES SOUS LA CONVENTION N° 7. (20 novembre 1815 — 25 avril 1818.)

Reçu du gouvernement français	6,500,000	»
Accumulations d'arrérages	1,347,427	»
	7,847,427	**»**
Attribué à Paris	2,901,806	»
— à Londres	2,590,879	»
Arrérages : accumulation des dites attrib.	1,521,863	»
Frais de transfert	701	»
Commission : 2 % aux liquidateurs, calculée sur les sommes attribuées, mais déduites des sommes payées	132,178	»
	7,147,427	**»**
RELIQUAT	**700,000**	**»**

Ce compte, reconnaissant l'existence d'un surplus, ne contient qu'une seule somme indiscutable, c'est celle exprimant les rentes reçues du gouvernement français : 6,500,000 francs de rentes.

Toutes les autres sommes sont inexactes. La Chambre des communes a été induite en erreur, et nous nous déclarons en mesure de le démontrer mathématiquement et pièces en mains.

Ces pièces, bien entendu, émanent de fonctionnaires anglais chargés de la liquidation, et sont authentiques.

Le reliquat est, en conséquence, beaucoup plus élevé. Cette démonstration sera l'objet d'un rapport spécial, mais en attendant on peut voir, page 5, les chiffres de ce même compte groupés d'une façon moins obscure, et mettant en évidence les erreurs qu'ils contiennent, même en admettant comme exactes les attributions y déclarées pour ce qui concerne Londres.

STATISTIQUE

DU COMPTE ANGLAIS OFFICIEL ET FINAL IMPRIMÉ EN 1831

(D'après les *comptes anglais* eux-mêmes)

	RENTES PERPÉTUELLES.		
1er fonds de garantie 1816............	3.500.000	....	6.500.000
2me — 1818............	3.000.000		
Accumulation d'intérêt composé.			
De 1816 à 1818 (Paris)...............	214.187	....	1.347.427
De 1818 à 1826 (Londres) (?)..........	1.133.240		
Distribué net à Paris...............	2.901.105	2.901.806	7.847.427
? (transfert)...............	701		
Distribué net à Londres (?).. De (avril) 1818 à 1822.	2.143.321	2.590.879 (A)	
De 1823 à (juillet) 1826.	136.088		
De (juillet) 1826 à mars 1831...............	311.470		
Accumulation d'intérêt composé aux réclamants.			
Paris............................	122.649	1.521.863	
Londres (?)....................(B)	1.399.214		
Commission aux liquidateurs.			
Paris 1.50 % sur le principal........	44.190		
— 0.50 % sur les arrérages acc.....	615		
Londres 2 % sur le principal..........	52.875	132.178	
— 2 % sur les arrérages acc.....	28.555		
?	5.943		
Transfert (2e fois ?)................	....	701	
		7.147.427	7.147.427
(?) Solde excédant.....	....		700.000

(A) *Entre autres* exagérations, ce chiffre contient 30.279 francs de rentes viagères qui ont été *converties* en 1820 en rentes perpétuelles, et sont devenues 103 235 francs de *rentes perpétuelles* (?)

(B) Chiffre sans justification possible.

LES TRAITÉS

Avant de mettre en lumière les erreurs dont fourmille le rapport de 1868, il est nécessaire de placer sous les yeux de l'Assemblée le texte des traités invoqués par la commission elle-même en ce qui concerne l'objet du litige.

Il faut distinguer trois périodes ou trois dates :

Les traités de 1814, ceux de 1815 et les conventions de 1818.

§ 1er. — TRAITÉS DE 1814 (*Bulletin des Lois*, n° 16).

Le 30 mai 1814 fut conclu, à Paris, un traité entre les puissances alliées et le roi de France. Ce traité, rédigé en trente-trois articles, règle les conditions générales de la paix, conditions qui sont les mêmes pour les alliés ensemble et pour chacun d'eux en particulier ; mais, à la suite se trouvent quatre articles additionnels énonçant des conditions supplémentaires différentes pour chaque puissance.

C'est dans les articles additionnels de l'Angleterre qu'on voit naître les réclamations relatives aux spoliés de 1792.

Voici ces articles (nous indiquerons sommairement l'objet des paragraphes étrangers au sujet qui nous occupe) :

Articles additionnels au traité avec la Grande-Bretagne
(30 mai 1814).

Art. 1er. — (Abolition de la traite des noirs.)

Art. 2 et 3. — (Nomination de commissaires et réglementation relatives à l'élargissement des prisonniers.)

Art. 4. — Il sera accordé de part et d'autre, aussitôt après la ratification du présent traité de paix, main-levée du séquestre qui aurait été mis depuis 1792 sur les fonds, revenus, créances et autres effets quelconques des hautes parties contractantes *ou de leurs sujets.*

Les mêmes commissaires dont il est fait mention à l'article 2 s'occuperont de l'examen et de la liquidation des réclamations des sujets de S. M. britannique envers le gouvernement français, pour la valeur des biens meubles ou immeubles indûment confisqués par les autorités françaises, ainsi que pour la perte totale ou partielle de leurs créances ou autres propriétés indûment retenues *sous le séquestre depuis l'année* 1792.

La France s'engage à traiter à cet égard les sujets anglais avec la même justice que les sujets français ont éprouvée en Angleterre ; et le gouvernement anglais, désirant concourir, pour sa part, au nouveau témoignage que les puissances alliées ont voulu donner à Sa Majesté très-chrétienne, de leur désir de faire disparaître les conséquences de l'époque de malheur si heureusement terminée par la présente paix, s'engage, de son côté, à renoncer, dès que *justice complète* sera rendue à ses sujets, à *la totalité de l'excédant* qui se trouverait en sa faveur, relativement à l'entretien des prisonniers de guerre, de manière que la ratification du résultat du travail des commissaires susmentionnés, et l'acquit des sommes, ainsi que la *restitution des effets* qui seront jugés appartenir *aux sujets* de S. M. britannique, *compléteront sa renonciation.*

Art. 5. — (Visant un futur traité de commerce.)

Nota. — Il est à remarquer que les articles additionnels de la Prusse, de la Russie et de l'Autriche ne font mention d'aucune indemnité d'un genre analogue.

Il est donc bien entendu, dès 1814, que le gouvernement anglais veut que ses sujets soient indemnisés *en totalité,* et quand *justice complète* leur sera rendue, s'il y a excédant, il sera au profit de la France.

§ II. — Traités de 1815 (*Bulletin des lois*, n° 64).

Le 20 novembre 1815 furent signés à Paris un *traité gé-néral* et *quatre conventions* différentes.

Entre le 30 mai 1814 et le 20 novembre 1815, il y a eu les Cent-Jours et Waterloo.

Ici nous voyons apparaître la personnalité dominante du duc de Wellington, et avec le nom de ce plénipotentiaire, les chiffres s'inscrivent précis, clairs et indiscutables.

Or lui aussi veut le *remboursement intégral* des spoliés de 1792, et il le prouve surabondamment.

Traité général.

Nous ne transcrirons pas ce traité dans toutes ses par-ties, mais nous y relevons :

L'article 4, qui stipule une indemnité de guerre de 700 millions pour les alliés, sans distinction.

L'article 5, qui stipule l'occupation territoriale pour cinq années au plus et trois années au moins.

L'article 9, qui, visant l'inexécution des clauses du traité général du 30 mai 1814 et des articles addition-nels à la même date, entre la France et la Grande-Bretagne, annonce *deux conventions* séparées, réglant la marche à suivre.

L'article 11, confirmant le traité du 30 mai 1814, en tant qu'il n'y est pas dérogé par le nouveau traité.

Enfin un article additionnel relatif à la traite des noirs.

Les articles 4, 5 et 9 ont donné lieu à quatre conventions :

Une, interprétant l'article 4 ;

Une, interprétant l'article 5 ;

Et *deux*, interprétant l'article 9.

De ces deux dernières :

L'une règle les intérêts financiers des alliés en général ;
L'autre, ceux des Anglais seuls.

Ces deux conventions contiennent des articles conçus dans des termes presque identiques. L'esprit général est le même : c'est le *paiement intégral de toutes les réclamations* des sujets des différentes puissances.

Nous n'avons à mettre sous les yeux de l'Assemblée que les articles relatifs au fond de garantie, point de départ de notre répétition actuelle.

Conventions interprétant l'article 9 du traité général du 20 octobre 1815.

Pour les alliés en général.

Art. 20. — Il sera inscrit, le 1ᵉʳ janvier prochain, au plus tard, comme fonds de garantie, sur le Grand-Livre de la Dette publique de France, un capital de *trois millions cinq cent mille francs* de rente, avec jouissance du 22 mars 1816, au nom de deux, de quatre ou de six commissaires, moitié sujets de S. M. T. C. et moitié sujets des puissances alliées, lesquels commissaires seront choisis et nommés, savoir : un, deux ou trois par le Gouvernement français, et un, deux ou trois par les puissances alliées.

L's commissaires toucheront lesdites rentes de semestre en semestre.

Ils en seront *dépositaires sans pouvoir les négocier.*

Ils en placeront le montant dans les fonds publics, et ils en rece-

Pour les Anglais seuls.

Art. 9. — Il sera inscrit, comme fonds de garantie, sur le Grand-Livre de la Dette publique de France, un capital de *trois millions cinq cent mille francs* de rente, avec jouissance du 22 mars 1816, au nom de deux ou de quatre commissaires, moitié anglais, moitié français, choisis par leur gouvernements respectifs. Ces commissaires recevront lesdites rentes à dater du 22 mars 1816, de semestre en semestre ; ils en seront *dépositaires sans pouvoir les négocier,* et ils seront tenus, en outre, à en placer le montant dans les fonds publics, et à en percevoir l'intérêt accumulé et composé au *profit des créanciers.*

vront l'intérêt accumulé et composé au *profit des créanciers*.

Dans le cas où les trois millions cinq cent mille francs de rente *seraient insuffisants*, il sera délivré aux susdits commissaires des inscriptions pour plus fortes sommes et jusqu'à concurrence de celles qui seront nécessaires *pour payer les dettes* indiquées par la présente convention.

Ces inscriptions additionnelles, s'il y a lieu, seront délivrées avec jouissance de la même époque que celle fixée pour les trois millions cinq cent mille francs de rente ci-dessus stipulées et elles seront administrées par les mêmes commissaires et *d'après les mêmes principes*; en sorte que les créances qui resteront à solder seront acquittées avec la même proportion d'intérêts accumulés et composés que si le fonds de garantie avait été suffisant dès le commencement.

Lorsque les paiements dus aux créanciers auront été effectués, le surplus des rentes non assignées, s'il y en a, ainsi que la proportion d'intérêts accumulés et composés qui leur appartiendra sera REMIS *à la disposition du Gouvernement français* (1).

Article additionnel.

(Réglant la réclamation spéciale et dès à présent à *forfait* des comtes de Bentheim et Steinfurt.)

Dans le cas où les trois millions cinq cent mille francs de rente *seraient insuffisants*, il sera délivré auxdits commissaires des inscriptions pour plus fortes sommes et jusqu'à concurrence de celles qui seront nécessaires *pour payer* TOUTES *les dettes* mentionnées dans le présent acte.

Ces inscriptions additionnelles, s'il y a lieu, seront délivrées avec jouissance des mêmes époques que les trois millions cinq cent mille francs ci-dessus stipulés; et administrées par les commissaires, *d'après les mêmes principes*; en sorte que les créances qui resteront à solder, seront acquittées avec la même proportion d'intérêt accumulé et composé que si le fonds de garantie avait été suffisant dès le commencement; *et lorsque tous les paiements dus aux créanciers auront été effectués, le surplus des rentes non assignées, avec la proportion d'intérêt accumulé et composé qui leur appartiendra, sera* RENDU, *s'il y a lieu, à la disposition du Gouvernement français* (1).

Article additionnel

(Prévoyant un arrangement précis et immédiat spécial aux réclamants anglais de Bordeaux) (tarif de douane).

(1) Ces deux textes sont absolument conformes, jusque dans leurs variantes particulières, aux articles insérés dans le *Bulletin des lois* imprimé le 14 février 1816.

§ III. — LES CONVENTIONS DE 1818
(Bulletin des lois, n° 221)

Les traités et les conventions du 20 novembre 1815 sont en pleine exécution.

Mais la tâche est difficile. Les réclamations maintenant connues et classées dépassent toutes les prévisions; on s'aperçoit qu'on a voulu trop exiger en stipulant un paiement intégral des indemnitaires, et d'ailleurs le minimum d'occupation est atteint.

Le 25 avril 1818, il faut obvier à cet état de choses, et deux conventions sont signées.

En voici les parties essentielles :

Conventions du 25 avril 1818.

Pour les alliés en général.

Au nom de la très-sainte et indivisible Trinité,

Les cours d'Autriche, de la Grande-Bretagne, de Prusse et de Russie, signataires du traité du 20 novembre 1815, ayant reconnu que la liquidation des réclamations particulières à la charge de la France, *fondée sur la convention conclue en conformité de l'art. 9 dudit traité* pour régler l'exécution des art. 19 et suivants du traité du 30 mai 1814, *était devenue, par l'incertitude de sa durée et de son résultat, une cause d'inquiétude toujours croissante pour la nation francaise;*

Partageant en conséquence avec Sa Majesté très-chrétienne le désir de mettre un terme à cette incer-

Pour les Anglais seuls.

Sa Majesté très-chrétienne et Sa Majesté britannique désirant *écarter tous les obstacles qui ont retardé jusqu'à présent* L'EXÉCUTION PLEINE ET ENTIÈRE *de la convention conclue en conformité de l'art. 9 du* 20 *novembre* 1815, relative à l'examen et à la liquidation des réclamations des sujets de Sadite Majesté britannique envers le Gouvernement français, ont nommé, etc.

(Le duc de Richelieu),
(CH. STUART.)

titude par une *transaction* desti-
née *à éteindre toutes les réclamations moyennant une somme déterminée*, lesdites puissances et Sa
Majesté très-chrétienne ont nommé

. . , ...

et attendu qu'elles ont considéré
que le concours de Son Excellence
*M. le maréchal duc de Wellington,
contribuerait efficacement au suc-
cès de cette négociation*, les pléni-
potentiaires soussignés, après avoir
arrêté, *de concert avec lui* et d'accord avec les parties intéressées,
les bases de *l'arrangement* à con-
clure, sont convenus, en vertu de
leurs pleins pouvoirs, des articles
suivants :

Art. 1er. — A l'effet d'opérer
l'extinction totale des dettes con-
tractées par la France dans les
pays hors de son territoire, etc...
le Gouvernement français s'engage
à faire inscrire sur le Grand-Livre
de la Dette publique, avec jouissance du 22 mars 1818, une rente
de douze millions quarante mille
francs, représentant un capital de
deux cent quarante millions huit
cent mille francs.

(Les art. 2, 3 et 4 visent toutes
les reprises possibles que la France
aurait pu faire en vertu de la convention en 1815 et les annulent.)

Art. 1er. — A l'effet d'opérer *le
remboursement* et l'extinction totale, tant pour le capital que pour
les intérêts, des créances des sujets
de Sa Majesté britannique, dont le
paiement est réclamé en vertu de
*l'article additionnel du traité du
30 mai 1814 et de la susdite convention du 20 novembre* 1815, il
sera inscrit sur le grand livre de
la dette publique de France, avec
jouissance du 22 mars 1818, une
rente de trois millions de francs,
représentant un capital de soixante
millions.

Art. 2. — La portion de rente
encore disponible en vertu de

Art. 5. — Au moyen des stipulations contenues dans les articles précédents, la France se trouve complétement libérée. . . . . .

. . . .

de sorte que lesdites dettes seront considérées à son égard comme éteintes, annulées et ne pourront jamais donner lieu contre elle à aucune espèce de répétition.

Art. 6. — En conséquence des dispositions précédentes, les commissions mixtes instituées par l'art. 5 de la convention du 20 novembre 1815 cesseront le travail de liquidation, ordonné par la même convention.

Art. 7. — (Répartition entre les puissances, *les Anglais* figurent ici pour 150,000 fr. applicables à leurs possessions des îles Ioniennes, de l'Ile de France, etc.)

Art. 9.— . . . .
. . . . . Les oppositions et significations qui auraient été fermées, soit au Trésor, soit entre les mains des commissaires... auront leur effet... pourvu (à l'égard de celles qui ont été inscrites au Trésor) que dans le délai d'un mois... la liste en ait été remise aux commissaires... avec pièces à l'appui... sans néanmoins préjudicier à la faculté que doivent conserver les parties intéressées d'en justifier directement en produisant leurs titres.

l'art. 9 de la susdite convention du 20 novembre 1815 y compris les intérêts composés et accumulés depuis le 22 mars 1816, reste également affectée au remboursement des mêmes créances. En conséquence, les inscriptions desdites rentes seront remises aux commissaires liquidateurs de Sa Majesté britannique, immédiatement après l'échange des ratifications de la présente convention.

Art. 3. — La rente de trois millions de francs, qui sera créée conformément à l'art. 1er ci-dessus, sera divisée en douze inscriptions de valeur égale, portant toutes jouissance du 22 mars 1818, quelles seront inscrites au nom des commissaires de Sa Majesté britannique ou de ceux qu'ils désigneront, et leur seront successivement remises de mois en mois à commencer du jour de l'échange des ratifications de la présente convention.

Art. 4. — La délivrance desdites inscriptions aura lieu nonobstant toute signification de transfert ou opposition faite au Trésor royal de France, ou entre les mains des commissaires de Sa Majesté britannique.

La liste des significations et oppositions qui existeraient au Trésor royal, sera néanmoins remise, avec les pièces à l'appui... dans le délai d'un mois; *et il est convenu que le paiement des sommes contestées sera suspendu jusqu'à ce que les contestations qui auraient* donné lieu auxdites oppositions ou significations, aient été jugées par le Tribunal compétent qui, dans ce cas, sera celui de la partie saisie.

(Les art. 5, 6 et 7 sont purement d'ordre administratif.)

Article séparé.

Il est bien entendu que la convention de ce jour ne déroge en rien aux réclamations des sujets de S. M. britannique fondées sur l'article additionnel de la convention du 20 novembre 1815, relativement aux marchandises anglaises introduites à Bordeaux; lesquelles réclamations seront *définitivement réglées*, conformément à la teneur du susdit article additionnel.

Articles additionnels du 4 juillet 1818.
(Spéciaux aux Anglais de Bordeaux.)

Les cours de la Grande-Bretagne et de France, étant convenues de terminer par une *transaction amiable* les difficultés qui se sont opposées jusqu'à ce jour à la liquidation complète et au paiement les créances des sujets de Sa Majesté britannique, dont *les réclamations étaient* fondées sur *l'article additionnel* de la convention du 20 *novembre* 1815, confirmé par l'*article additionnel* de la convention *du 25 avril dernier*,

Les soussignés (Stuart-Richelieu) sont convenus de ce qui suit :

Art. 1er. Le *montant total* des paiements à faire par la France, pour l'acquittement et l'extinction totale des créances des sujets de S. M. britannique, fondée sur la décision de

S. M. très-chrétienne, relativement aux marchandises anglaises introduites à Bordeaux par suite du tarif des douanes publié le 24 mars 1814, est fixé à la somme de quatre-cent-cinquante mille francs.

Art. 2. La dite somme sera versée . . . . de façon à ce que la somme totale soit acquittée au *premier janvier* 1819.

Art. 3. Les présents articles seront ratifiés, et les ratifications en seront échangées dans le terme d'un mois, ou plus tôt, si faire se peut.

Nota. Il faut remarquer que la nature même des articles additionnels est de faire partie intégrante du traité ou de la convention qu'ils terminent, à ce point qu'ils ont « *la même force et valeur que s'ils étaient insérés mot à mot* » dans lesdits traités ou conventions.

Or, l'article ci-dessus a besoin de ratification spéciale.

LES THÉORIES DE LA COMMISSION

Tels sont les traités dont l'étude « *attentive* » a inspiré à la commission du budget cette affirmation étrangement erronée :

Il y a eu forfait en 1818.

Oui, pour les indemnitaires autres que les Anglais spoliés en 1792. Mais est-ce que la simple lecture des documents ci-dessus ne prouve pas au contraire que la préoccupation constante du rédacteur de la convention *spéciale aux Anglais* a été d'écarter toute idée de forfait ? Cela est si vrai que *l'article séparé* (non pas additionnel, cette fois,) de cette dernière convention, vise, en le distinguant, l'article additionnel anglais du 20 novembre 1815, le seul qui, à ce moment, faisait pressentir un arrangement amiable prochain, et, en effet, le 4 juillet 1818 on terminait par transaction les réclamations des Anglais de Bordeaux, et cette transaction fait si peu partie de la convention d'avril 1818 que, contrairement aux autres articles additionnels, celui qui la contient a besoin d'être ratifié.

La convention des alliés, en général, est donc : *une transaction à l'aide d'un paiement à forfait ;* et la convention des *Anglais seuls : un remboursement à l'aide d'un versement espéré suffisant.*

Cette probabilité et le rappel incessant par la convention anglaise, des articles des traités ou conventions précédentes mentionnant l'obligation de restituer tout excédant, ont rendu inutile, dans cette même convention anglaise, la négation ou l'affirmation d'une *transaction* absente.

L'Angleterre *avait intérêt* à ce que sa convention spéciale *ne fût pas un forfait.*

La France *avait intérêt* à ce que cette même convention *fût un forfait.*

Mais il est clair qu'au moment de l'évacuation, le duc de Wellington, exceptionnellement appelé à négocier la transaction relative aux alliés en général, n'a obtenu le *remboursement intégral* des indemnitaires de 1792 qu'en promettant au duc de Richelieu *le forfait* qui, moyennant 240 millions, a libéré définitivement le territoire et le Trésor français de la présence et des exigences des Russes, des Prussiens, des Autrichiens et autres coalisés.

En sorte que la convention anglaise, contenant implicitement cette réserve habile d'un nouvel appel de fonds, réserve faite par les mots « *remboursement et extinctions totales, exécution pleine et entière,* » se trouve inévitablement et logiquement soumise à la clause de restitution prévue et prescrite par l'article 9 du contrat anglais du 20 novembre 1815, conformément à l'article 4 de l'acte additionnel anglais du 30 mai 1814, clause *partout rappelée* et *nulle part révoquée*, comme dans la convention relative aux autres alliés en 1818.

Comment, au surplus, supposer un forfait, même tacite ? quand on tient compte des faits suivant :

1° Que le deuxième versement stipulé en 1818 a eu lieu sur bordereau clos définitivement en 1817; et a complété la somme nécessaire à le solder, d'après des prévisions dont trois ans de liquidation avaient fait des certitudes.

2° Que ce bordereau contenait une somme énorme de *rentes viagères*, et qu'on a versé des *rentes perpétuelles*.

Peut-on admettre que le forfait ait été sous-entendu en face d'une pareille sorte de dette ? Peut-on admettre qu'on paye perpétuellement des rentes essentiellement temporaires !

On n'a qu'à comparer la rédaction des deux conventions pour que la vérité surgisse avec une puissance qui supprime toute discussion.

Dans les parties même les moins importantes, éclate la pensée d'un retour à la France après liquidation, et il n'est pas jusqu'à l'article 4 de la convention anglaise de 1818 qui n'apporte son contingent de clarté.

Dans l'hypothèse du forfait, que signifierait la clause « *suspendant* le paiement des sommes contestées par suite d'oppositions régulièrement faites? » et dans l'article séparé le mot *définitivement*, qui indique combien peu est *définitive* la convention principale?

Le but écrit, évident, répété dans *tous les traités*, était d'obtenir *justice complète* pour tous les spoliés de 1792.

Or, cette justice obtenue, ces sujets payés, il reste une grande gartie des sommes confiées à l'Angleterre dans ce but expressément défini; ce solde est par acte diplomatique la propriété du Trésor français; il doit lui faire retour.

En dépit de cette clarté des conventions, voici le RAPPORT qui déclare résumer « les études du gouvernement » de 1868 :

Rapport de la mmission.

« Les Traités de 1814 et 1815 ont stipulé qu'une indem-
« nité serait payée aux sujets anglais qui avaient eu à souf-
« frir des conséquences des guerres. »

Première erreur.

Il s'agissait de rembourser, non les sujets anglais vic-times de la guerre, mais ceux spoliés par les lois révolu-tionnaires de 1792, et ceux-là seulement.

Pour ceux-là, jamais on n'a voulu autre chose qu'un paie-ment intégral.

C'est la convention des alliés en général, terminée par un *forfait, celle-là*, qui vise la catégorie d'indemnitaires indi-quée par le rapport.

Donc, erreur matérielle.

Ajoutons un mot.

Tout ce qui n'était pas réclamé en haine de la révolution de 1792 a été facilement liquidé.

Ainsi, pour les réclamants anglais des îles Ioniennes, etc., lésés par la guerre, forfait de 150,000 fr. (Art. 7, répartition dans la convention des alliés en général, 25 avril 1818.)

Ainsi également pour les réclamants de Bordeaux, lésés par une mesure commerciale prise, le 24 mars 1814, par le duc d'Angoulême, forfait pour 450,000 fr.

Mais les indemnitaires spoliés, lésés, séquestrés en 1792? Ceux-là sont partout et toujours tenus en dehors de tout forfait; il faut les *rembourser intégralement*, et on les remboursera, car il sera facile de constater les spoliations faites par des *lois* révolutionnaires.

L'indulgence des alliés pour tout ce qui est, directement ou indirectement, *fait de guerre*, est particulièrement remarquable.

Pour eux, la guerre est, dans l'histoire, un fait normal, et, au contraire, la révolution un fait monstrueux.

Par conséquent, on réparera *entièrement* les dommages causés par celle-ci, mais on passera *facilement* l'éponge sur les dommages causés par celle-là.

Du reste, là seulement existait une incertitude sans bornes, Napoléon Ier ayant promené ses armes d'un bout de l'Europe à l'autre bout.

Le rapporteur continue :

« Pour arriver à la liquider, quatre commissaires, dont
« deux appartenant à chaque nation, furent nommés, et
« une première indemnité de 3,500,000 fr. de rente fut
« mise à leur disposition. Réserve avait été faite par l'An-
« gleterre de réclamer une somme supérieure si elle était
« nécessaire, pour indemniser tous les ayants-droit, et par
« la France, *que le solde non employé ferait retour au Trésor*
« *public français*.

« La liquidation se poursuivit dans ces conditions jus-
« qu'en 1818. A cette époque, pour mettre fin à des récla-
« mations qui semblaient se multiplier avec le temps, pour

« relever le crédit public, et surtout dans le but d'obtenir
« l'évacuation du territoire français par les troupes étran-
« gères qui l'occupaient, M. le duc de Richelieu, président
« du Conseil des ministres, a consenti *à liquider à forfait*
« *avec le gouvernement anglais les réclamations spéciales*
« *aux sujets britanniques.* »

Deuxième erreur.

Le duc de Richelieu n'a pu liquider à forfait que les réclamants *autres que les Anglais spoliés en* 1792.

Nous avons vu que les indemnitaires lésés dans les possessions anglaises par fait de guerre, et ceux lésés à Bordeaux par fait de commerce, ont *seuls* été l'objet d'une
transaction, là seulement était l'incertain et l'inquiétant,
l'Europe entière ayant été dévastée.

Le rapporteur continue :

« C'est ainsi que les faits sont appréciés par le gouver-
« nement, et le langage de M. le duc de Richelieu devant
« les Chambres confirme cette interprétation. »

Troisième erreur.

Le duc de Richelieu a parlé de la libération, a fait valoir
la grosse transaction portant sur le plus gros chiffre et n'a
parlé des Anglais en particulier, qu'en mentionnant un
versement complémentaire. A-t-il spécifié que pour ces der-
niers tout n'était pas terminé?

Non. Il ne pouvait pas le dire; à ce moment, on devait
officiellement espérer que le deuxième versement serait
suffisant.

Ne l'espérât-il pas, il ne devait pas le dire davantage.

C'eût été manquer de tact envers le libérateur Wellington
et accomplir un acte de cruauté bien inutile envers cette
pauvre Assemblée déjà épuisée par des sacrifices surhu-
mains, *et qui votait avant de connaître les conventions
de* 1818 *!*

Le rapporteur continue et dit :

« Une somme de 3,000,000 francs de rente fut remise au
« gouvernement anglais : depuis lors, ses commissaires
« procédèrent seuls, à l'exclusion des commissaires fran-
« çais, à la liquidation des réclamations. »

Quatrième erreur.

Jusqu'ici, le rapporteur du budget ferme les yeux sur les
mots écrits dans les conventions et développe une perspi-
cacité extraordinaire pour découvrir tout autour et au loin
des *probabilités* d'interprétation.

Voici l'argument :

Il n'y a plus de commissions mixtes.

L'article 6 de la convention du 20 novembre 1815, con-
cernant les alliés en général, les a supprimées ; la convention relative aux Anglais seuls ne les a pas rétablies (car les
liquidations devaient se terminer à Londres). Donc, il y a
eu forfait ! Non : IL Y A EU SIMPLEMENT MANDAT ; mais le
rapporteur aurait pu pousser plus loin le système des inter-
prétations d'alentour et invoquer le statut de Georges III.

Ce statut, en opposition avec l'article 9 de la convention
anglaise du 20 novembre 1815, permet aux commissaires
qu'il nomme de disposer, pour les fins de la convention *ou
tout autre objet*, des fonds de l'indemnité française. Au
fond, il n'a été fait que pour les conventions de Bordeaux
et des îles Ioniennes, car *jusqu'en* 1821, *les liquidateurs
ont appliqué toutes les règles de la convention de* 1815 *pour
ce qui concerne les indemnitaires de* 1792, *et n'ont disposé
des inscriptions qu'ils avaient achetées que vers* 1823 (en
1820, la rente cotait 75 ; en 1823, 92 ; en 1824, 106.)

Ce n'est donc que plus tard qu'on inventa d'appliquer
ce statut à la convention n° 7. Il y a plus :

Ce statut, qu'en pleine Assemblée lord Truro, ex chancelier, a qualifié de *loi mauvaise, inique et frauduleuse*, ne fut rendu que le 19 mai 1819.

Pourquoi ce délai d'une année ?

C'est qu'en vertu de l'article 3 de la convention du 25 avril 1818, les 60 millions composant le deuxième versement étaient divisés en 12 inscriptions, la première devant être remise aux commissaires anglais le jour même de l'échange des ratifications (le 23 mai 1818), et ainsi de suite de mois en mois.

La douzième inscription n'a été transférée que le 23 avril 1819. Et c'est le 19 mai 1819 seulement que le statut a été rendu.

A ce moment, pas plus qu'une année avant, les réclamations n'étaient liquidées ; elles ont duré jusqu'en 1826, 1856 et même 1860.

En conséquence, ces ventes ne pouvaient être que des virements *ad interim*, comme le *disent* les minutes des lords de la trésorerie, et dans tous les cas sous la responsabilité du gouvernement anglais qui aurait pu répondre à une observation : « De même que nous avons viré pour tel « objet, de même nous pourrons virer pour vous rembourser « quand le moment sera venu. »

Et il aurait eu raison dans son illégalité réelle au point de vue international, le surplus ne devant *naître* qu'à la fin des liquidations.

Le rapporteur continue, et dit :

« Quoi qu'il en soit de cette interprétation des traités, *le « gouvernement nous a déclaré que*, sur sa demande, le gou-« vernement anglais a mis à sa disposition tous les élé-« ments de la liquidation, et, qu'après un sérieux examen « des documents de cette affaire, il a été établi *pour lui* que « les rentes remises par la France ont été employées en « totalité à payer les indemnités dues aux Anglais ; une

« somme, un moment distraite de cette affectation pour des
« travaux faits à un palais royal, a été restituée à la caisse
« de l'indemnité. »

Cinquième erreur.

Le gouvernement déclare que *pour lui* les fonds ont été
employés aux fins des traités.

Nous ne relèverons pas cette allégation (car tel n'est pas
le but de cet exposé), ayant en main les preuves matérielles
et authentiques de son inexactitude, d'accord en cela avec
lord Lyndhurst, lord Truro, lord Monteagle, lord Fitzwilliam,
tous anciens chanceliers de l'échiquier ; M. Chambers, député de Greenwich, et M. Münz, député de Birmingham, M.
Denman, député de Dundalk, ainsi que le constatent les
débats parlementaires anglais jusqu'en 1861, et une foule
d'articles du *Times*, presque contemporains des traités.

Le rapporteur termine ainsi :

« Les distributions ont été effectuées depuis 1819 jusqu'en
« 1849. *A cette époque a eu lieu la répartition définitive, et
« quittance finale a été donnée aux commissaires.*
« *En présence de cette déclaration si formelle et si positive,*
« *votre Commission n'a pu accueillir l'amendement.* »

Sixième erreur.

En 1849, quittance a été donnée.

Une quittance?

S'il y a eu forfait, que vient faire cette quittance?

La commission du budget commence par affronter la
logique au point de lire dans les traités le contraire de ce qui
y est écrit; ensuite, de ce non contente, elle vient déclarer
qu'il y a eu quittance, en 1849, d'une somme donnée à forfait
en 1848!

D'abord pourquoi donnée en 1849? puisqu'en 1853, en plein Parlement, les liquidations étaient encore en discussion, et ce jusqu'en 1861.

Ensuite, par qui?

Est-ce par la France?

Qui donc, en 1849, avait le droit de donner quittance sans que trace de cette quittance existe à la cour des comptes? Si cette trace existait, on n'aurait pas manqué de le dire.

Donc, jusqu'à plus ample information, le rapporteur du budget insinue, en 1868, que l'Angleterre s'est donnée quittance à elle-même en 1849, alors que des débats parlementaires anglais démontrent en 1853 le contraire.

Non; en 1826, on a clôturé les liquidations et en 1861 les appels, voilà tout; et notre grande et sympathique voisine attend une réclamation qu'elle est disposée à accueillir avec sa loyauté traditionnelle.

Mais nos exigences ne sauraient aller jusqu'à lui demander de critiquer, par son initiative, notre peu de sollicitude pour les intérêts du Trésor français.

Or, en présence des charges écrasantes résultant de la guerre, et après l'exactitude dont la France a donné l'exemple en exécutant, en 1818 comme en 1871, tous ses engagements, quoi de plus naturel pour elle que de demander à ses débiteurs le règlement de leurs anciennes dettes, et quoi de plus sacré pour ces débiteurs que de les payer intégralement!

Remarquons en terminant que la théorie du forfait a été surtout développée par un ministre français, M. Rouher.

Dès 1864, il a émis la pensée d'un forfait, en 1818, après avoir, dit-il, « examiné attentivement les traités. »

Deux ans après, M. Gladstone, interrogé sur les amendements présentés en France, se faisait courtoisement l'écho de M. Rouher (1) ; pur échange de politesse, qui ne saurait tenir lieu de compte, ni l'un ni l'autre de ces ministres n'ayant prononcé le mot de quittance.

Or jamais, avant 1853, les chanceliers, maintes fois attaqués, n'ont osé se couvrir de la théorie du forfait.

Cette théorie leur eût évité pourtant de nombreuses tracasseries.

Et c'est seulement depuis 1853 que cette lumière s'est levée brillante à l'horizon international !

La probité de l'Angleterre et le bon sens de l'Assemblée feront prompte justice de ce feu follet.

Auguste CHIRAC,

Ancien Rédacteur financier du journal

LA PRESSE ,

Directeur du Comité d'Initiative,

Paris, rue du Faubourg-Montmartre, 10.

(1) 27 mai 1864 — M. ROUHER : L'étude, non pas des traités, mais des dispositions financières, ne m'ont laissé aucun doute sur l'inanité de ces réclamations.

28 juin 1866 — M. LE MINISTRE D'ÉTAT : Je répète au Corps législatif que l'étude attentive que j'ai faite m'a conduit à la *pensée* qu'il y a eu un traité passé à forfait en 1818.

20 avril 1866. — M. GLADSTONE (répondant à cette question : Y a-t-il eu quelque communication ?) dit : qu'il n'y a eu aucune communication, mais « qu'il *pensait* que, depuis longtemps, il y avait eu des transactions entre les « deux gouvernements. »

L'OPINION EN ANGLETERRE

I. — JOURNAUX ANGLAIS

Times du 2 mai 1828

La fausse appropriation des fonds français.

« Le sujet traité dans votre numéro de jeudi dernier, de la fausse
« appropriation, *pour ne pas employer une autre expression*, d'une
« somme réputée s'élever à 250,000 liv. st. (6,250,000 fr.), est très-
« grave. La somme réellement mal appropriée, dont vous parlez, et qui
« avait été reçue du Gouvernement français pour mettre le Gouverne-
« ment anglais à même de satisfaire les réclamants, s'élève cependant,
« on le prétend, à environ le double. Ce qui ajoute au scandale, c'est
« que les réclamants ne sont pas payés!... Combien donc est extraor-
« dinaire la soustraction d'une somme considérable du surplus sous la
« Convention n° 7?
  « L'affaire ne peut en rester là! *Fiat justitia!* »

Times du 26 juin 1828.

La fausse appropriation des 250,000 liv. st. (6,250,000 fr.)

« Sur l'affaire des Liv. st. 250,000 (6,250,000 fr.), portion de la
« somme remise par la France pour satisfaire aux réclamations des
« sujets britanniques, et réellement appliquée à la construction du
« nouveau palais (1), nous nous permettrons une ou deux observations,
« que nous avions omises hier, mais qui, nous n'hésitons pas à le
« croire, sont de quelque importance.
  « A l'égard des réclamations restant, bien qu'une grande partie,
« nous n'en doutons nullement, soient bien fondées, des preuves sont

(1) Le palais de Buckingham.

« cependant requises de la validité de ces réclamations, d'une nature
« si difficile! Et aujourd'hui qu'un autre emploi a été fait de cet
« argent, les commissaires seront probablement sourds, de manière
« que nous craignons beaucoup qu'il ne soit point réparti un farthing
« à ceux pour lesquels les fonds étaient destinés. Quel remède à un
« pareil abus? Si nous voulons être un peuple honnête, impartial, si
« notre Gouvernement veut être juste et équitable, sans doute les fonds
« doivent être retournés à la France, parce que les principes de bonne
« foi l'exigent.

« Le Gouvernement français paie au nôtre une certaine somme,
« pour satisfaire à toutes les demandes des sujets britanniques ; le
« total de cette somme n'a pas été appliqué au but proposé : que reste-
« t-il à faire du surplus? Mais, nous le répétons : il doit être remis à
« la France. Nous savons que, plus tard, les Français feront valoir cette
« affaire comme une preuve d'extorsion et de mauvaise foi de la
« Grande-Bretagne, de la perfidie et de la rapacité qu'elle apporte dans
« toutes ses transactions pécuniaires, qu'elle a extorqué plus de fonds
« qu'elle ne pouvait exiger de la France, POUR CERTAINE RAISON, et
« qu'une partie en a été affectée à la construction du palais! C'est avec
« de l'argent français que la demeure des rois d'Angleterre est en par-
« tie construite, avec de l'argent français confié par ce peuple pour
« satisfaire aux réclamations de certains sujets britanniques! Nous le
« répétons encore une fois : un gouvernement sage retournerait à la
« France ses 6,250,000 francs. »

NOTE. — On peut consulter aussi :

Le *Spectator* du 21 avril 1860 ;
Le *Morning Star* du 7 mai 1860 ;
Le *Morning Chronicle* du 4 août 1860.

II. — DÉBATS PARLEMENTAIRES

Le 14 juin 1852 (CHAMBRE DES LORDS)

Discussion au sujet de la pétition du baron de Bode
(un des réclamants)

Lord LYNDHURST, l'un des vice-présidents de la Chambre des Lords, ancien grand-chancelier d'Angleterre, termina ainsi son discours :

« J'insiste sur cette affaire par un principe d'honnêteté et de loyauté
« publiques ; je la soutiens, non dans l'intérêt seul du réclamant, mais
« pour l'honneur, le caractère et la dignité de ce pays. Vos Seigneuries
« pourraient-elles admettre un seul instant qu'une nation grande et
« puissante comme la nôtre pût se retrancher derrière un point de
« forme (1) pour éviter le paiement de ses obligations pécuniaires ?
« Que cela serait peu digne de la nation ! Sera-t-il dit, pourra-t-on
« nous reprocher, qu'un gouvernement étranger, ayant mis dans nos
« mains des sommes considérables, pour secourir des personnes qui
« avaient été victimes d'injustices, nous avons employé ces sommes à
« nos besoins intérieurs et nationaux ? *Fiat justitia ! Ruat cœlum !*
« telle est la manière énergique d'exprimer cet amour de justice inhé-
« rent à notre caractère national. A cette occasion, il me souvient
« qu'un jurisconsulte, s'expliquant sur [cette affaire, s'écria avec une
« grande véhémence : — C'est une tache pour la nation ! C'est une
« tache pour chacun des citoyens qui la composent ! J'aimerais mieux
« vendre jusqu'à mon dernier habit que d'être soumis à une pareille
« imputation. — Cet éclat d'une honnête indignation fut couvert de
« justes applaudissements : mes sentiments sont aussi forts ; mais je
« crains bien de n'avoir pas eu la faculté de m'exprimer avec la même
« énergie. »

Même séance.

Le lord comte FITZWILLIAM :

« Si je reviens à la justice de l'affaire, s'il en résultait que les récla-
« mations présentées aux commissaires ne fussent pas suffisantes pour
« absorber la totalité de la somme, pourquoi, alors, Milords, en dis-
« cutant une question de nation à nation, craindrais-je de faire naître
« l'idée que le surplus, quel qu'il soit, dût aller, non pas dans l'Échi-
« quier de l'Angleterre, mais dans l'Échiquier de la France ? »

(1) Le statut de Georges III.

Le 1er août 1853 (CHAMBRE DES LORDS)

Lord LYNDHURST :

« Il s'était élevé quelques doutes et manifesté quelque curiosité,
« quant aux objets auxquels ces fonds avaient été appliqués (1). Un
« noble lord (lord Monteagle) déclara dans une précédente discussion
« et avec beaucoup de suffisance qu'ils avaient été strictement employés
« aux fins de la convention.

« Après avoir fait cette déclaration, il quitta la Chambre, et, revenant
« avec un gros in-folio de comptes, il examina quelques pages sur le
« bureau, puis, regagnant tout à coup sa place, il garda le silence.
« J'ai trop de confiance dans le sentiment de justice du noble lord,
« pour craindre une plus longue opposition de sa part, quand je lu
« aurai prouvé, ce que je me fais fort d'etablir, qu'une partie consi-
« dérable de ces fonds a été employée à des fins tout à fait étrangères
« à cette convention, notamment au paiement de dettes publiques et
« d'engagements qui n'y avaient aucun rapport.

« Vous m'excuserez, je l'espère, d'entrer dans ces détails ; mais le
« fait est matériel et ne prendra que quelques minutes du temps de
« Vos Seigneuries. Ce que je vais vous exposer dérive de la source la
« plus authentique, je veux dire des rapports faits de temps en temps
« par la Trésorerie à la Chambre des Communes.

« Je dois d'abord vous rappeler que le jury, après un procès solennel,
« reconnut que, déduction faite des sommes payées en exécution de la
« convention, il restait une balance nette de 482,000 Livres sterling
« (12,050,000 fr.) qui avec les intérêts accumulés, reçus par les com-
« missaires et par eux versés à l'Echiquier, portèrent cette balance à
« une somme totale de 566,000 Liv. st. (13,150,000 fr.).

« Ce compte a été approuvé par l'attorney général et n'a jamais été
« contesté. Je vais maintenant vous démontrer comment cette somme
« a été employée.

« En premier lieu, une foule de réclamants, qui n'avaient pas pré-
« senté leurs réclamations dans les délais prescrits par la convention,
« furent admis par ordre de la Trésorerie (ce qui était contraire à l'ar-
« ticle 12 de la convention N° 7 et à l'article 16 de la convention N° 13
« du 20 novembre 1815), et ils furent payés à même de la balance. Ces
« paiements montèrent en totalité à 196,000 Liv. st. (4,800,000 fr.),
« réduisant la balance à 370,000 Liv. st. (9,250,000 frs.).

« De quelle manière a-t-il été disposé de ce surplus ? D'abord, on a

(1) Les fonds déposés par la France.

« payé une somme de 23.700 Liv. st. (592,500 fr.) à une personne du
« nom de Ladebat dans les circonstances suivantes : Les officiers de la
« Couronne avaient saisi une quantité de lingots d'argent que l'on
« supposait appartenir au gouvernement français : cet argent fut vendu
« et le prix en fut versé à l'Echiquier ; mais on reconnut que ces lin-
« gots étaient la propriété de simples particuliers représentés par M. La-
« debat, et il fallut indemniser ces propriétaires ; une partie des fonds
« employés à cet effet, c'est-à-dire 23,700 Liv.st. (592,500 fr.), ont été
« payés à même de la balance des fonds reçus sous la Convention.

« De plus, le gouvernement français, lors de la paix, devait des som-
« mes considérables à des particuliers de ce pays pour des subsides
« fournis à des prisonniers de guerre français, que le gouvernement
« révolutionnaire français avait désignés lui-même pour fournir ces
« subsides. Le gouvernement anglais prit sur lui, en considération
« d'une somme convenue, de liquider ces réclamations et d'en garantir
« la France. Il arriva que le montant des réclamations excéda de beau-
« coup la somme reçue. La différence qui, en conséquence de cet ar-
« rangement, était devenue une dette publique et qui n'avait aucun
« rapport avec la Convention, fut aussi payée par le Trésor à même de
« la balance du fonds indemnitaire.

« Une autre somme, payée à même de la balance, l'a été pour les
« causes suivantes : Quand le duc d'Angoulême était à Bordeaux, vou-
« lant encourager le commerce avec l'Angleterre, il publia, à cet effet,
« un tarif favorable. Plusieurs navires anglais se rendirent en consé-
« quence à Bordeaux ; mais le duc ayant été forcé de quitter cette ville,
« un tarif plus élevé fut promulgué. A raison des dommages ainsi
« occasionnés, le gouvernement de la Restauration fut considéré
« comme responsable, et il fut convenu qu'il paierait une somme
« déterminée à la décharge de ces réclamations, et notre gouvernement,
« comme dans l'espèce précédente, se chargea en conséquence de ce
« paiement de satisfaire les réclamants ; mais également les sommes
« payées par la France furent loin de faire face aux demandes que par
« cet engagement nous étions tenus de satisfaire. Cette différence
« encore, qui, sous tous les rapports, était une dette publique, fut
« payée à même de la balance du fonds indemnitaire. La somme ainsi
« payée, ensemble avec la somme payée aux créanciers de la France
« pour les subsides des prisonniers de guerre français et la somme
« payée au sieur Ladebat, forment un total de liv. st. 255,700
« (6,392,500 fr.). Ces trois paiements réduisirent la balance à
« liv. st. 114,300 (2,857,500 fr.).

« Un autre paiement pour les dépenses de la prolongation de la
« Commission, à l'effet de distribuer les sommes ci-dessus, s'élevant à
« liv. st. 12,115-9 sh. 10 d. (305,387 fr. 25), et une gratuité égale à

« une année des appointements accordés aux commissaires et à leurs
« employés, et s'élevant à liv. st. 5,650 (141,250), réduisirent la balance
« à liv. st. 96,434-10 sh. 2 d. (2,410,862 fr. 70.).

« De quelle manière ce reliquat a-t-il été dépensé, et à quels objets?
« Les rapports ne le disent pas ; mais il est parfaitement clair qu'il n'a
« pas été appliqué aux fins spécifiées par la convention. »

« J'ai ainsi prouvé, je le pense, de la manière la plus concluante,
« qu'à même des sommes remises par la France, pour indemniser les
« sujets anglais des pertes par eux subies à raison de la confiscation
« de leurs propriétés, 225.000 liv. st. et plus (6.375.000 fr.) ont été
« payées par le Trésor à l'acquit de dettes publiques... Qu'il me soit
« permis d'ajouter que jamais dans ma longue expérience, je n'ai été
« témoin d'une atteinte plus inexcusable et plus flagrante faite à un dé-
« pôt que celle qui a été ainsi commise. Je suis fortement impressionné
« par cette affaire Comme sujet de ce grand empire, je dois déplorer
« la tache qu'elle peut imprimer sur notre caractère de loyauté et d'in-
« tégrité. Peu d'actes parviennent tant à rabaisser et dégrader une na-
« tion, que la manifestation d'un esprit étroit et sordide dans ses tran-
« sactions et ses engagements pécuniaires.

. . . . , , ...

« Je me suis quelquefois imaginé être interrogé sur cette affaire par
« quelque homme d'Etat ou quelque jurisconsulte distingué de l'autre
« côté du détroit, par un personnage, par exemple, comme l'éminent
« individu que je rencontrai récemment à la résidence de mon noble
« et savant ami (M. Dupin chez lord Broughman); je me figure qu'il
« m'adresse quelques paroles comme celles-ci :

« Je ne prétends pas intervenir entre votre gouvernement et ses su-
« jets, mais comment se fait-il qu'après que nous ayons payé des
« sommes si considérables pour indemniser les sujets anglais de la
« confiscation de leurs propriétés, le baron de Bode, indubitablement
« sujet anglais et dont les propriétés ont été saisies et vendues, ait,
« pendant tant d'années, demandé vainement une indemnité?

« La seule réponse que je pourrais donner à une pareille question,
« et je la donnerais avec des sentiments de honte et de chagrin, serait
« celle-ci : — « Nous avons fait une loi, par laquelle ces fonds ont été
« mis à la disposition des lords de la Trésorerie, et ceux-ci. sans
« égard aux fins pour lesquelles ils avaient été confiés, ont jugé con-
« venable de les employer à acquitter différentes dettes à la charge du
« public. » Quelle impression causerait une pareille réponse? Et pour-
« tant telle est la position : en vain le nierait-on ou chercherait-on à
« le déguiser. »

Même séance.

Lord TRURO :

« Milords, il s'agit d'un dépôt sacré, reçu pour un emploi expressé-
« ment spécial : et ce dépôt était dans l'intérêt exclusif d'une certaine
« classe de sujets anglais, que la Révolution française avait dépouillés...
« Sûrement, tout homme bien pensant doit reconnaître que la nation
« était engagée envers le Gouvernement français à employer les fonds
« qui lui étaient confiés au but spécial du Traité et notamment à n'en
« divertir aucune portion pour des fins autres que celles du Traité. »

« Or, quant à certaines portions de ces fonds, il est évident qu'ils
« ont été employés à payer une demande ou une dette à la charge du
« gouvernement anglais, laquelle dette aurait dû être payée par la
« bourse publique et non, par un abus de confiance, à même des fonds
» spécialisés pour les réclamants rentrant dans le Traité.

« Le gouvernement anglais avait fait saisir injustement ou illégale-
« ment des objets appartenant à des personnes représentées par M. La-
« debat : il fut obligé de le restituer ou d'accorder une indemnité :
« une partie fut payée par la bourse publique, mais une somme de
« 23,700 liv. st. (592,500 fr.) fut prise sur les fonds du dépôt et payée
« à M. Ladebat. Comment la nation pourrait-elle avec quelque pudeur
« retenir cette somme ?

« La disposition du surplus des fonds n'a pas eu lieu conformément
« au vœu du Traité, et la plupart des paiements faits n'avaient aucun
« rapport quelconque avec les clauses du Traité. »

Même séance.

Lord MONTEAGLE répond :

« Les deux nobles et savants lords (lord Lyndhurst et lord Truro)
« placent l'affaire non sur une base légale, mais sur un point de bonne
« foi nationale, et ils ont posé cet argument, que l'emploi des fonds
« était un emploi de mauvaise foi envers le gouvernement français,
« ce dont ils avaient le droit de se plaindre. Cette objection des nobles
« et savants lords ne peut produire autant d'effet que si elle venait du
« gouvernement français, et je ne sache pas que ce gouvernement se
« soit jamais plaint de l'emploi de ses fonds.

NOTE. — Consulter aussi les *Débats parlementaires* de Hansard.
L'*Histoire d'Angleterre*, de Roujoux et Mainguet. (Édit. 1847, t. II, p. 690.)
La discussion du 4 juin à la Chambre des communes.

PARIS. — IMPRIMERIE MODERNE (Barthier, d'), rue J.-J.-Rousseau, 61

9 782016 178300